Julius Faehndrich

GEDANKEN-DETOX

BEFREIE DEINEN GEIST UND FINDE INNERE KLARHEIT

INHALT

01

ME-TIME

02

WÄHLE WEISE

03

ENTWICKLE GEWOHNHEITEN

KAPITEL

01

DIE WICHTIGKEIT VON ZEIT FÜR DICH SELBST

In unserer hektischen Welt, in der ständige Erreichbarkeit und endlose To-Do-Listen den Alltag bestimmen, bleibt oft wenig Raum für das Wichtigste: Zeit für dich selbst. Sich bewusst Zeit zu nehmen, ist ein essenzieller Schritt auf dem Weg zu einem klaren Geist und einem entspannten Leben. In diesem Kapitel zeige ich dir, warum "Zeit für dich selbst" so wichtig ist und stelle dir praktische Methoden vor, die du in deinen Alltag integrieren kannst.

Zeit für dich selbst zu haben bedeutet, dich auf dich zu konzentrieren, ohne Ablenkungen von außen. Es ist ein Moment der Stille und Reflexion, in dem du deine Gedanken ordnen und deinen Geist erfrischen kannst. Dies ist besonders wichtig, weil:

- Stressabbau: Regelmäßige Zeit für dich selbst hilft, Stress abzubauen und dein Nervensystem zu beruhigen.

- Selbstbewusstsein: Du lernst dich selbst besser kennen und entwickelst ein stärkeres Selbstbewusstsein.

- Kreativität: Durch den Abstand zum Alltagsstress werden kreative Gedanken gefördert.

- Entscheidungsfindung: Ein klarer Geist führt zu besseren Entscheidungen, da du deine Gedanken in Ruhe sortieren kannst.

Methoden, um Zeit für dich selbst zu finden

Morgenritual
Beginne deinen Tag mit einem festen Morgenritual. Dies könnte Meditation, Journaling oder ein kurzer Spaziergang sein. Diese ruhigen Momente am Morgen setzen den Ton für den Rest des Tages.
Anwendung:

- Stehe 15 Minuten früher auf.
- Finde einen ruhigen Ort.
- Wähle eine Aktivität, die dir Freude bereitet und dich zentriert.

Digitale Entgiftung
Reduziere deine Bildschirmzeit, besonders die Nutzung von Social Media. Digitale Entgiftung kann helfen, den Kopf freizubekommen und dich wieder auf das Wesentliche zu konzentrieren.
Anwendung:

- Lege feste Zeiten fest, an denen du keine digitalen Geräte nutzt.
- Schalte Benachrichtigungen aus.
- Verbringe Zeit im Freien oder lese ein Buch.

Methoden, um Zeit für dich selbst zu finden

Achtsamkeit und Meditation
Achtsamkeit bedeutet, im Hier und Jetzt zu leben, ohne sich von äußeren Einflüssen ablenken zu lassen. Meditation ist eine hervorragende Methode, um Achtsamkeit zu praktizieren.
Anwendung:

- Setze dich in eine bequeme Position.
- Schließe die Augen und atme tief ein und aus.
- Konzentriere dich auf deinen Atem oder ein Mantra.
- Beginne mit 5 Minuten pro Tag und steigere die Dauer allmählich.

Kreative Auszeiten
Kreative Aktivitäten wie Malen, Schreiben oder Musizieren können sehr befreiend wirken und dir helfen, deine Gedanken zu sortieren.
Anwendung:

- Wähle eine kreative Tätigkeit, die dir Spaß macht.
- Nimm dir regelmäßig Zeit dafür, ohne Druck oder Erwartungen.
- Lasse deine Gedanken dabei einfach fließen.

Methoden, um Zeit für dich selbst zu finden

Tagebuch schreiben
Das Führen eines Tagebuchs kann helfen, deine Gedanken und Gefühle zu ordnen und Klarheit zu gewinnen. Schreibe über deine Erlebnisse, deine Träume oder einfach das, was dir gerade durch den Kopf geht.
Anwendung:

- Nimm dir täglich oder wöchentlich Zeit, um in dein Tagebuch zu schreiben.
- Schreibe ohne Zensur; es gibt keine Regeln.
- Nutze dein Tagebuch auch, um deine Fortschritte im Gedanken-Detox festzuhalten.

Praktische Tipps zur Umsetzung

1. Plane fest ein: Blocke Zeitfenster in deinem Kalender für dich selbst.
2. Sei konsequent: Halte dich an deine geplanten Zeiten, als wäre es ein wichtiger Termin.
3. Kommuniziere deine Bedürfnisse: Informiere deine Familie und Freunde darüber, dass du diese Zeiten für dich selbst brauchst.
4. Belohne dich: Feier deine Erfolge und genieße die positiven Veränderungen, die du durch deine "Zeit für dich selbst" erlebst.

Fazit

Zeit für dich selbst zu haben, ist kein Luxus, sondern eine Notwendigkeit. Es ist der Schlüssel zu einem klaren Geist und einem erfüllten Leben. Indem du dir regelmäßig solche Zeiten gönnst und die vorgestellten Methoden anwendest, wirst du feststellen, wie sich dein mentaler Zustand verbessert und du insgesamt glücklicher und ausgeglichener wirst.

Übung:

Nimm dir gleich jetzt deinen Kalender zur Hand und plane die nächste Woche. Trage feste Zeiten für dich selbst ein und entscheide, welche der Methoden du ausprobieren möchtest. Beginne noch heute mit deinem Gedanken-Detox und finde deine innere Klarheit.

KAPITEL

02

WÄHLE DEIN UMFELD UND DEINE MITMENSCHEN WEISE AUS

Unser persönliches Umfeld und die Menschen, mit denen wir unsere Zeit verbringen, haben einen enormen Einfluss auf unsere Gedanken, unsere Einstellungen und letztlich auch auf unsere gesamte Lebensqualität. Indem wir unser Umfeld und unsere Mitmenschen bewusst wählen, können wir einen entscheidenden Beitrag zu unserem eigenen Wohlbefinden und unserer inneren Klarheit leisten.

In diesem Kapitel erkläre ich, warum die Wahl deines Umfelds so wichtig ist, und stelle dir Methoden vor, wie du dein Umfeld und deine Mitmenschen weise auswählen kannst. Unser Umfeld prägt uns stärker, als wir oft glauben. Menschen, die uns umgeben, beeinflussen unser Denken, unser Verhalten und unsere Emotionen.

Ein unterstützendes Umfeld kann uns inspirieren, motivieren und uns helfen, unser volles Potenzial zu entfalten. Im Gegensatz dazu kann ein toxisches Umfeld negative Gedankenmuster verstärken und unser Selbstbewusstsein untergraben. Hier sind einige Gründe, warum ein positives Umfeld so wichtig ist:

- Motivation und Inspiration: Menschen, die positive Einstellungen und Ambitionen haben, können uns inspirieren und motivieren, unsere eigenen Ziele zu verfolgen.

- Unterstützung und Ermutigung: Ein unterstützendes Umfeld bietet Rückhalt und Ermutigung in schwierigen Zeiten.

- Spiegelung von Verhaltensweisen: Wir neigen dazu, Verhaltensweisen und Einstellungen der Menschen um uns herum zu übernehmen. Ein positives Umfeld fördert positive Verhaltensweisen.

- Emotionale Gesundheit: Ein gesundes Umfeld trägt zu unserem emotionalen Wohlbefinden bei, während ein toxisches Umfeld Stress und negative Emotionen verstärken kann.

Methoden zur Auswahl deines Umfelds

Selbstevaluation
Bevor du Änderungen an deinem Umfeld vornimmst, ist es wichtig, eine Selbstevaluation durchzuführen. Überlege, welche Menschen und welche Umgebungen dir guttun und welche nicht.

Anwendung:

- Mache eine Liste der Menschen in deinem Leben und bewerte, wie sie sich auf dein Wohlbefinden auswirken.
- Identifiziere Situationen und Orte, die dir Energie geben oder nehmen.
- Reflektiere, welche Werte und Ziele dir wichtig sind und ob dein aktuelles Umfeld diese unterstützt.

Setze Grenzen
Grenzen zu setzen ist entscheidend, um negative Einflüsse zu minimieren. Dies bedeutet nicht, dass du Menschen komplett aus deinem Leben ausschließen musst, aber es bedeutet, klare Linien zu ziehen, um dein eigenes Wohlbefinden zu schützen.

Anwendung:

- Definiere, welche Verhaltensweisen du in deinem Umfeld nicht akzeptieren möchtest.
- Lerne, Nein zu sagen, ohne Schuldgefühle zu haben.
- Kommuniziere deine Grenzen klar und konsequent.

Methoden zur Auswahl deines Umfelds

Suche nach positiven Einflüssen Aktiv nach Menschen zu suchen, die positive Einflüsse auf dein Leben haben, kann einen großen Unterschied machen. Diese Menschen können Mentoren, Freunde oder Gemeinschaften sein, die deine Werte teilen und dich unterstützen.

Anwendung:

- Tritt Vereinen oder Gruppen bei, die deinen Interessen entsprechen.
- Suche nach Mentoren oder Vorbildern, die dich inspirieren.
- Pflege Beziehungen zu Menschen, die dir Energie und positive Impulse geben.

Reduziere toxische Einflüsse Menschen oder Situationen, die ständig negativ sind, sollten minimiert oder ganz vermieden werden. Dies ist oft leichter gesagt als getan, aber es ist notwendig für deine mentale Gesundheit.

Anwendung:

- Identifiziere toxische Beziehungen in deinem Leben.
- Reduziere den Kontakt zu diesen Personen schrittweise.
- Vermeide Umgebungen, die regelmäßig negative Gefühle hervorrufen.

Methoden zur Auswahl deines Umfelds

Praktiziere Achtsamkeit
Achtsamkeit kann dir helfen, besser zu erkennen, wie dein Umfeld dich beeinflusst und welche Änderungen notwendig sind. Es ist ein wertvolles Werkzeug, um bewusste Entscheidungen zu treffen. Anwendung:

- Nimm dir regelmäßig Zeit für Meditation oder stille Reflexion.
- Beobachte deine Gedanken und Gefühle in verschiedenen Situationen.
- Frage dich selbst, wie bestimmte Menschen oder Orte dein Wohlbefinden beeinflussen.

Praktische Tipps zur Umsetzung

1. Reflektiere regelmäßig: Mache es dir zur Gewohnheit, regelmäßig dein Umfeld und deine Beziehungen zu reflektieren.
2. Sei geduldig: Veränderungen im Umfeld brauchen Zeit. Sei geduldig mit dir selbst und dem Prozess.
3. Suche Unterstützung: Wenn du Schwierigkeiten hast, Veränderungen vorzunehmen, suche Unterstützung bei einem Therapeuten oder Coach.
4. Bleibe offen: Sei offen für neue Menschen und Erfahrungen, die positive Einflüsse in dein Leben bringen können.

Fazit

Dein Umfeld und die Menschen, mit denen du dich umgibst, spielen eine entscheidende Rolle in deinem Leben. Sie beeinflussen deine Gedanken, deine Gefühle und letztlich auch deine Handlungen. Indem du bewusst Entscheidungen darüber triffst, wen und was du in dein Leben lässt, kannst du einen großen Schritt in Richtung eines klaren Geistes und eines erfüllten Lebens machen.

Übung:

Nimm dir einen Moment Zeit und mache eine Liste der wichtigsten Menschen in deinem Leben. Bewerte, wie jeder Einzelne dein Wohlbefinden beeinflusst. Überlege, welche Beziehungen du stärken und welche du möglicherweise minimieren solltest. Setze dir ein konkretes Ziel, um in den nächsten Wochen positive Veränderungen in deinem Umfeld vorzunehmen.

KAPITEL

03

BAUE GESUNDE
GEWOHNHEITEN AUF

Gewohnheiten formen unser Leben. Sie bestimmen, wie wir unseren Tag verbringen, wie wir auf Herausforderungen reagieren und letztendlich, wie wir uns selbst und die Welt um uns herum wahrnehmen. Gesunde Gewohnheiten sind der Schlüssel zu einem klaren Geist und einem erfüllten Leben. In diesem Kapitel zeige ich dir, warum gesunde Gewohnheiten so wichtig sind, und stelle dir praktische Methoden vor, wie du sie aufbauen und in deinen Alltag integrieren kannst.

Unsere Persönlichkeit und unser Wohlbefinden werden maßgeblich von unseren täglichen Gewohnheiten beeinflusst. Positive Gewohnheiten können uns dabei helfen, unsere Ziele zu erreichen, unser Selbstbewusstsein zu stärken und unser Leben in die gewünschte Richtung zu lenken.

Negative Gewohnheiten hingegen können uns bremsen und unser mentales und emotionales Wohlbefinden beeinträchtigen. Hier sind einige Gründe, warum gesunde Gewohnheiten so wichtig sind:

- Automatisierung positiver Verhaltensweisen: Gewohnheiten automatisieren Verhalten, sodass wir weniger mentale Energie aufwenden müssen und dennoch kontinuierlich Fortschritte machen.

- Struktur und Stabilität: Regelmäßige Routinen geben unserem Leben Struktur und Stabilität, was besonders in stressigen Zeiten hilfreich ist.

- Selbstdisziplin und Willenskraft: Das Etablieren gesunder Gewohnheiten stärkt unsere Selbstdisziplin und Willenskraft, was sich positiv auf andere Lebensbereiche auswirkt.

- Langfristige Gesundheit: Gesunde Gewohnheiten fördern körperliche und geistige Gesundheit und tragen zu einem längeren und erfüllteren Leben bei.

Methoden zum Aufbau gesunder Gewohnheiten

Kleine Schritte machen
Der Aufbau neuer Gewohnheiten ist einfacher, wenn du mit kleinen, machbaren Schritten beginnst. Kleine Veränderungen sind weniger überwältigend und lassen sich leichter in den Alltag integrieren.
Anwendung:

- Wähle eine kleine, konkrete Gewohnheit, die du entwickeln möchtest (z. B. jeden Tag 5 Minuten meditieren).
- Setze dir ein realistisches Ziel, das du konsequent verfolgen kannst.
- Erhöhe die Intensität oder Dauer der Gewohnheit allmählich, sobald sie fest in deinem Alltag verankert ist.

Routinen etablieren
Routinen helfen, Gewohnheiten zu festigen, indem sie sie in deinen Tagesablauf integrieren. Eine feste Routine reduziert die Notwendigkeit, täglich Entscheidungen treffen zu müssen, und macht es wahrscheinlicher, dass du an deinen neuen Gewohnheiten festhältst.
Anwendung:

- Identifiziere bestehende Routinen, in die du neue Gewohnheiten einbinden kannst (z. B. 10 Minuten Yoga nach dem Aufstehen).
- Plane feste Zeiten für deine neuen Gewohnheiten und halte dich konsequent an diese Zeiten.
- Nutze Erinnerungen oder Wecker, um dich an deine neue Routine zu erinnern.

Methoden zum Aufbau gesunder Gewohnheiten

Belohnungen einbauen
Positive Verstärkung kann dir helfen, neue Gewohnheiten zu etablieren. Belohnungen motivieren und verstärken das gewünschte Verhalten, was die Wahrscheinlichkeit erhöht, dass du an der neuen Gewohnheit festhältst.

Anwendung:

- Bestimme eine kleine Belohnung, die du dir gönnst, wenn du deine neue Gewohnheit erfolgreich durchgeführt hast.
- Wähle Belohnungen, die gesund und im Einklang mit deinen Zielen sind (z. B. eine Folge deiner Lieblingsserie nach dem Training).
- Vermeide Belohnungen, die negative Gewohnheiten fördern (z. B. Junk Food).

Hindernisse identifizieren und überwinden
Identifiziere potenzielle Hindernisse, die dich daran hindern könnten, deine neuen Gewohnheiten zu etablieren, und entwickle Strategien, um diese zu überwinden.

Anwendung:

- Überlege, welche Herausforderungen oder Ablenkungen dich von deiner neuen Gewohnheit abhalten könnten.
- Entwickle konkrete Pläne, um diese Hindernisse zu überwinden (z. B. Vorbereitung deiner Trainingskleidung am Vorabend).
- Sei flexibel und passe deine Strategien an, wenn du auf neue Hindernisse stößt.

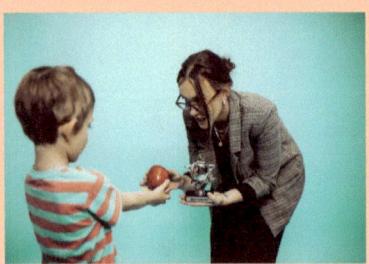

Methoden zum Aufbau gesunder Gewohnheiten

Unterstützung suchen
Unterstützung von Freunden, Familie oder einer Gemeinschaft kann dir helfen, neue Gewohnheiten zu etablieren und beizubehalten. Menschen, die ähnliche Ziele verfolgen, können dich motivieren und dir helfen, auf Kurs zu bleiben.

Anwendung:

- Erzähle Freunden oder Familienmitgliedern von deiner neuen Gewohnheit und bitte um ihre Unterstützung.
- Finde eine Gemeinschaft oder Gruppe, die dieselben Ziele verfolgt (z. B. eine Laufgruppe oder ein Meditationskurs).
- Tausche dich regelmäßig mit anderen aus und teile deine Fortschritte und Herausforderungen.

Praktische Tipps zur Umsetzung

1. Sei geduldig: Der Aufbau neuer Gewohnheiten braucht Zeit. Sei geduldig mit dir selbst und erwarte keine sofortigen Veränderungen.
2. Bleibe konsequent: Konsistenz ist der Schlüssel zum Erfolg. Halte dich an deine neuen Gewohnheiten, auch wenn es anfangs schwerfällt.
3. Feiere Erfolge: Anerkenne und feiere deine Fortschritte, egal wie klein sie sind. Positive Verstärkung motiviert und stärkt dein Durchhaltevermögen.
4. Lerne aus Rückschlägen: Rückschläge sind normal und gehören zum Prozess. Lerne aus ihnen und passe deine Strategien entsprechend an.

Fazit

Gesunde Gewohnheiten sind die Bausteine für ein erfülltes und ausgewogenes Leben. Sie haben einen tiefgreifenden Einfluss auf deine Persönlichkeit, dein Wohlbefinden und deine Lebensqualität. Indem du bewusst gesunde Gewohnheiten aufbaust und pflegst, kannst du dein Leben positiv verändern und zu einem klaren Geist und innerer Klarheit finden.

Übung:

Wähle eine kleine, gesunde Gewohnheit, die du in deinem Leben etablieren möchtest. Notiere sie und plane, wie du sie in deinen Alltag integrieren kannst. Verfolge deine Fortschritte in einem Tagebuch und belohne dich regelmäßig für deine Erfolge. Starte noch heute und erlebe die positive Veränderung, die gesunde Gewohnheiten in dein Leben bringen können.

SCHLUSSWORT

04

SCHLUSSWORT

Herzlichen Glückwunsch! Du hast den entscheidenden Schritt gemacht, um dein Leben positiv zu verändern und deinen Geist zu entgiften. In diesem Buch hast du wertvolle Erkenntnisse und praktische Methoden kennengelernt, die dir helfen, gesunde Gewohnheiten zu etablieren, Zeit für dich selbst zu finden und dein persönliches Umfeld bewusst zu gestalten. Diese Elemente sind das Fundament für ein erfülltes, ausgeglichenes und klares Leben.

Wie du nun weißt, formen unsere Gewohnheiten unser tägliches Leben und unsere Persönlichkeit. Gesunde Gewohnheiten wie regelmäßige Bewegung, bewusste Ernährung, Meditation und ausreichend Schlaf tragen wesentlich zu unserem Wohlbefinden bei. Sie stärken unsere Willenskraft, geben uns Struktur und helfen uns, unsere Ziele zu erreichen. Frage dich selbst:

- Welche neuen, gesunden Gewohnheiten habe ich in den letzten Wochen aufgebaut?
- Welche alten Gewohnheiten möchte ich weiter verändern oder loslassen?
- Wie kann ich mich selbst weiterhin motivieren, meine neuen Gewohnheiten beizubehalten?

Zeit für dich selbst
Die Zeit, die du dir selbst widmest, ist von unschätzbarem Wert. Sie ermöglicht es dir, deinen Geist zu beruhigen, deine Gedanken zu sortieren und deine innere Balance zu finden. Du hast gelernt, wie wichtig es ist, regelmäßige Auszeiten einzuplanen, um dich zu erholen und neue Energie zu tanken. Reflektiere darüber:

- Wann und wie habe ich in letzter Zeit bewusst Zeit für mich selbst eingeplant?
- Welche Aktivitäten oder Rituale helfen mir am besten, mich zu entspannen und Klarheit zu gewinnen?
- Wie kann ich sicherstellen, dass ich auch in Zukunft regelmäßig Zeit für mich selbst einplane?

Dein persönliches Umfeld
Unser Umfeld und die
Menschen, mit denen wir uns
umgeben, haben einen großen
Einfluss auf unser
Wohlbefinden und unsere
Denkweise. Ein unterstützendes
und positives Umfeld kann uns
motivieren und inspirieren,
während negative Einflüsse uns
bremsen und belasten können.
Denke darüber nach:

- Welche Beziehungen in
  meinem Leben tun mir gut
  und unterstützen mein
  Wohlbefinden?
- Welche Menschen oder
  Situationen belasten mich
  und wie kann ich den
  Kontakt reduzieren oder
  Grenzen setzen?
- Wie kann ich aktiv ein
  Umfeld schaffen, das mich
  positiv beeinflusst und
  unterstützt?

Abschlussgedanken

Du hast die Werkzeuge und das Wissen, um dein Leben in die Richtung zu lenken, die du dir wünschst. Jeder Schritt, den du machst, zählt und bringt dich deinem Ziel näher: einem klaren Geist und innerer Klarheit. Du bist auf dem Weg, deine beste Version zu werden und ein Leben zu führen, das im Einklang mit deinen Werten und Zielen steht.

- Zum Abschluss möchte ich dir einige Fragen mitgeben, die dir helfen sollen, das Gelernte zu festigen und weiterzuführen:
- Was sind meine drei größten Erfolge, seitdem ich mit meinem Gedanken-Detox begonnen habe?
- Welche Herausforderung war am schwierigsten zu meistern und wie habe ich sie überwunden?
- Welche drei Dinge möchte ich in den nächsten sechs Monaten in meinem Leben ändern oder verbessern?
- Wie kann ich sicherstellen, dass ich weiterhin Zeit für mich selbst einplane und meine gesunden Gewohnheiten pflege?
- Welche konkreten Schritte werde ich unternehmen, um mein persönliches Umfeld weiter zu verbessern?

Gehe mit einem gestärkten und positiven Gefühl aus diesem Buch heraus.
Du hast die Macht, dein Leben bewusst zu gestalten und die Klarheit zu finden, die du dir wünschst.
Nutze das Wissen und die Werkzeuge, die du hier gewonnen hast, um deinen Weg weiterzugehen. Ich wünsche dir viel Erfolg und Freude auf deiner Reise zu einem klaren Geist und innerer Klarheit. Du hast bereits so viel erreicht, und ich bin überzeugt, dass du noch viel mehr erreichen wirst.
Viel Glück und alles Gute auf deinem Weg!

www.ingramcontent.com/pod-product-compliance
Lightning Source LLC
Chambersburg PA
CBHW042039230526
45474CB00005B/21